Dr. Wilfried Rabe

Covid-19, Klimawandel, Online-Handel, Digitalisierung, Lockdown,

Corona-Pandemie 2030

10 Jahre leben mit Covid-19 und dem Klimawandel

CO_2-Fußabdruck, Drohnendienst, virtuelles Kaufhaus,
Gesundheitsmonitoring, künstliche Intelligenz

Bibliografische Information der Deutschen Nationalbibliothek
Die Deutsche Nationalbibliothek verzeichnet diese Publikation
in der Deutschen Nationalbibliografie; detaillierte bibliografische
Daten sind in Internet über http://dnb.dnb.de abrufbar

Herstellung und Verlag:
BoD – Books on Demand Norderstedt

ISBN Nr. 9783752612707

Die Coronapandemie aus dem Jahre 2019 hält die Welt auch heute im Jahr 2030 mit immer neuen Wellen und Mutationen in Atem.

Die Wissenschaft schafft es nicht für die ständigen Veränderungen des Virus zeitnah Impfstoffe zu entwickeln und eine ausreichende Zahl von Menschen zu impfen, so dass eine Herdenimmunität erreicht wird.

Hunderttausende von Menschen, die sich mit dem Virus infiziert hatten, sind in den letzten Jahren gestorben. Die Menschen haben nur die Chance dem Virus durch Abstandhalten zu entgehen.

Dies hat zu einschneidenden Veränderungen im Leben der Menschen geführt.

Inhaltsverzeichnis

Immekeppel, 4.Dezember 2030, 4.30 Uhr

Anne reckte sich ein letztes Mal in ihrem kuschligen Bett. Ihr Smartphone hatte gerade geklingelt, denn sie wollte heute Nacht noch vor dem Sonnenaufgang mit ihrem Vater eine kleine Wanderung machen. Ihr Vater wollte ihr etwas zeigen, von dem sie schon viel gehört hatte, aber sie hatte es noch nicht gesehen. Sie war sehr gespannt.

Sie zog sich warm an, denn es hatte leicht geschneit, und es wehte ein kalter Wind. Ihr Vater war auch schon wach, und so konnten sie nach einem kurzen Frühstück starten. Da es draußen noch dunkel war, nahm ihr Vater seine große Taschenlampe mit.

Den ersten Teil des Wanderweges im Freudenthal in Richtung Moitzfeld kannte sie schon. Der Weg war durch den Schnee glatt und sie mussten sehr vorsichtig gehen. Die Teiche auf der rechten Seite waren schon lange nicht mehr richtig fest zugefroren. Schlittschuhlaufen konnte man schon seit einigen Jahren nicht mehr auf den Teichen. Gegenüber den Teichen war jetzt der neu aufgeforstete Wald, der vor zehn Jahren der Trockenheit zum Opfer gefallen war, schon wieder erstaunlich gewachsen. Langsam wurde das geschundene Tal wieder schöner.

Weiter ging es an dem Sumpfgebiet entlang, in dem im Sommer die beiden Wasserbüffel Imme und Keppel mit ihren Jungtieren zu sehen waren. Jetzt im Winter waren die Tiere bei einem Bauern untergebracht, da es im Tal nicht genug Futter für sie gab.

Dann ging es weiter an dem Künstlergarten vorbei. Vater ließ das Licht seiner Taschenlampe über die leicht mit Schnee bedeckten skurilen Figuren streichen. Es war gruselig. Ohne ihren Vater wäre Anne nicht hier langgegangen.

Kurz vor der Firma Max Baermann im Tal mussten die beiden auf die asphaltierte Straße wechseln, um weiter in Richtung der ehemaligen Müllkippe Birkerfeld zu kommen.

Sie waren erst wenige Schritte auf der Straße gegangen als ihr Vater stehen blieb und sagte: „Hörst du es?" und tatsächlich, als sie stehenblieb und das Knirschen des Schnees verstummte, hörte sie es. Ein sehr leises Surren war zu hören. Es war aber nichts zu sehen.

„Was ist das?" flüsterte Anne ängstlich und blickte fragend zu ihrem Vater.

„Lass uns weitergehen", meinte der Vater, „wenn wir aus dem Tal herauskommen, wirst du es sehen".

Die Straße führte jetzt steil bergauf, sie kamen aus dem Wald heraus und konnten jetzt trotz der Dunkelheit schemenhaft den steilen rückwärtigen Abhang der ehemaligen Müllkippe erkennen.

Plötzlich kam aus dieser Dunkelheit ein Licht herausgeschossen, das mit einem leichten Surren in Richtung Kleingartensiedlung verschwand.

„Da schon wieder eins", rief Anne, und sah mit staunendem Blick in den Nachthimmel, wie ein Licht nach dem anderen aus der Dunkelheit auftauchte, sich an das andere reihte und dann fächerartig in Richtung Süden verschwand. Mit jedem weiteren Schritt bergauf wurde das Surren deutlicher, es erfüllte jetzt die ganze Luft.

Mittelweile hatten sie den Anstieg zur alten Deponie fast geschafft, so dass sich der Blick in Richtung Herkenrath öffnete.

„Da, Papa, schau mal, da ist ja eine ganze Reihe von Lichtern", rief Anne ganz begeistert und zeigte auf eine ganze Lichterkette am Himmel aus Richtung Herkenrath. Während die ersten Lichter in der Reihe in der Dunkelheit über der Deponie verschwanden, schlossen sich am Ende immer neue Lichter an.

„Papa, was ist das? Da bewegt sich etwas."

„Lass uns ganz bis nach oben gehen, dann wirst du es erkennen", meinte der Vater.

Wäre Anne jetzt erst 4 Jahre alt, hätte der Vater jetzt das Märchen von Knecht Ruprecht glaubhaft erzählen können. Aber Anne war schon 12 Jahre alt, und gerade in eine Lerngruppe mit einer sehr hohen Lerngeschwindigkeit eingestuft worden.

Als sie oben ankamen, sahen sie, dass auf der ehemaligen Deponie jetzt ein imposantes Gebäude errichtet worden war.

Und dann sah sie es: „Papa, das sind ja die Lichter der Drohnen, die uns immer die Sachen bringen."

„Das hast du richtig erkannt", meinte der Vater und erklärte dann, dass sie vor sich die neue Drohnenstation von Moitzfeld sehen würden.

Die beladenen Drohnen verlassen die Station in Richtung Moitzfeld nach Süden über die Kleingartensiedlung, und die leeren Drohnen kehren aus Richtung Herkenrath zurück in die Station, manche auch mit einer Sendung, die sie unterwegs aufgenommen hatten. Da die Hauptlieferzeit der Drohnen um 6.00 Uhr beendet ist, sind jetzt viele Drohnen auf dem Rückweg in die Station, und so kann man jetzt die schöne Lichterkette am Nachthimmel sehen.

Beide standen noch eine Weile vor der Station und bestaunten das Lichterspiel, während der Vater Anne erklärte wie das Beladen der Drohnen in dem großen Karussell in der Station vor sich geht.

Dann machten sie sich wieder auf den Rückweg, denn es wurde schon langsam hell. Gerade als sie im Tal die Firma Max Baermann passierten, erschreckten sich beide ganz furchtbar.

Es rumpelte plötzlich direkt neben ihnen, die Luft erfüllte ein zunehmendes Surren und von dem unter ihnen liegenden Dach des Unternehmens hob eine große Lastendrohne in den Himmel ab und verschwand in der Dunkelheit. Nur ihr Licht konnte man noch eine Weile erkennen.

Auf dem Rest des Rückweges erzählte der Vater seiner Tochter Anne, wie man mit der kleinen genialen Idee der Magnetschlösser „Marke Baermann „aus dem Freudenthal heraus die Welt beliefern kann.

Wieder zu Hause angekommen, legte sich Anne ganz erfüllt von dem Erlebnis ins Bett und schlief sofort ein. Es klingelte kein Weckruf für die Schule. Unterricht ist immer online und selbstbestimmt.

Aber am nächsten Sozialtag würde sie was zu erzählen haben, ihrer Freundin natürlich schon morgen, online natürlich.

Vorbemerkung

Kurz vor Weihnachten im Jahre 2020 erreichte die Coronapandemie in Deutschland ihren vorläufigen Höhepunkt mit über 30.000 infizierten Personen/Tag und 900 Personen/Tag, die in Verbindung mit Covid-19 gestorben waren (1). Neue Maßnahmen eines noch schärferen Lockdowns nach Weihnachten wurden erwartet. Dennoch wollten sich die Menschen ihre Vorfreude auf Weihnachten nicht nehmen lassen, und sie blickten optimistisch in das kommende Jahr.

Trotz der zu erwartenden Einschränkungen sahen sie Licht am Ende des Tunnels der landesweiten Einschränkungen und Zumutungen. Die ersten Impfungen gegen Covid-19 in Großbritannien wurden bereits durchgeführt, und auch für Deutschland liefen die Vorbereitungen für die Impfungen im Jahr 2021 auf Hochtouren.

Nach der ersten Bekanntgabe der Prioritätenlisten für die besonders vulnerablen Gruppen wurde vielen Bürgern jedoch klar, dass es noch Monate dauern würde, bis alle Impfwilligen auch tatsächlich einen Schutz gegen das Virus erhalten würden.

Die organisatorische Durchführung der Impfung, und insbesondere die notwendige zweite Impfung stellten sich als große Herausforderungen dar und erforderten einen größeren Zeitraum als vermutet. Auch die Verfügbarkeit des Impfstoffes erfüllte aufgrund der weltweiten Nachfrage nicht die hohen zeitlichen Erwartungen, so dass sich die Impfung bis weit in das Jahr 2021 hinzog.

Erste Berichte über Unverträglichkeiten der Impfung trugen darüber hinaus nicht dazu bei die Impfquote so zu erhöhen, dass eine Herdenimmunität im Jahre 2021 erreicht werden konnte. Die Aussicht auf den Impfschutz wiederum führte zu einer Vernachlässigung der erforderlichen Kontaktbeschränkungen, so dass sich die Bundesregierung immer wieder zu Maßnahmen veranlasst sah die Kontakte zu begrenzen. Mit großer Mühe gelang es den Bundesländern gerade noch die vorhandenen Kapazitäten in den Krankenhäusern nicht zu überschreiten. Die Infektionszahlen und die

Todeszahlen konnten nicht auf ein deutlich niedrigeres Niveau gesenkt werden. Die volkswirtschaftlichen Schäden wurden immer größer und nicht mehr kompensierbar. Der wirtschaftliche Niedergang ganzer Branchen verringerte die Akzeptanz der Einschränkungen immer weiter.

Und dann kam 2022 die furchtbare Erkenntnis, dass der Impfschutz offensichtlich nur eine zeitlich begrenzte Wirkung hatte, wie bei anderen Coronaviren auch. Das Virus mutierte und der erste Impfstoff verlor im Jahre 2022 seine schützende Wirkung.

Der erstmalig im Jahr 2020 entwickelte Impfstoff gegen Covid-19 musste von den Wissenschaftlern an die neuen Covid-19 Mutationen angepasst werden und dies erforderte Zeit. Den Bürgern blieb damit keine andere Wahl als im normalen Leben die Kontakte zu anderen Menschen zu verringern und die Infizierten weiterhin von den nicht Infizierten zu trennen.

Diese Notwendigkeit hat in den folgenden Jahren zu einer totalen Veränderung des gesellschaftlichen Miteinanders geführt, die alle Lebensbereiche erfasst hat. Diese lebensnotwendige Anpassung hat nicht die Zustimmung einer bestimmten Menschengruppe, die der Freidenker und der „Anderen" gefunden, die sich immer weiter am Rande der Gesellschaft absondern.

Die breite Masse hat sich jedoch den Herausforderungen gestellt und versucht mit dem Virus zu leben. Wie diese Bedingungen aussehen und welche gravierenden Veränderungen eingetreten sind, soll hier beschrieben werden.

Vor der Pandemie im Jahr 2019 standen die Menschen nur vor den Herausforderungen der Digitalisierung und des Klimawandels. Heute hilft nur die Digitalisierung das Leben mit dem Virus möglich zu machen, und vielleicht damit auch einen Beitrag zum Klimaschutz zu leisten.

Im Dezember 2030

1.Die politische Entwicklung in Deutschland zwischen 2020 und 2030

Im Herbst 2021 bei der Bundestagswahl wurden die Grünen zur zweitstärksten Partei und konnten mit der CDU eine Regierung bilden (4). Mit dem Einzug der Grünen in die Regierung wurde der Klimawandel mit seinen Folgen neben der Pandemie das wichtigste Thema. Es wurden einschneidende Rahmenbedingungen für die Industrie und die Bürger verordnet, um die Emissionen der CO_2-Treibhausgase zu verringern.

 Obwohl von dieser Regierung die Probleme des Landes nicht gelöst wurden, wurde sie 2025 mit knapper Mehrheit wiedergewählt und dann unter der Führung der Grünen weitergeführt.

Nach der Wirtschaftskrise im Jahr 2016 musste ein Corona-Lastenausgleich für die am stärksten von der Pandemie betroffenen Branchen und Bürger verordnet werden.

Im Jahre 2029 war der Widerstand gegen die Regierungspolitik so stark geworden, dass sich die drei Parteien CDU/CSU, die Grünen und die SPD gegen die immer stärker werdenden alternativen Parteien der Freidenker und der „Anderen" zusammenschließen mussten, um eine neue Regierung bilden zu können. Die Länder Sachsen, Thüringen und Sachsen-Anhalt werden seit 2027/28 bereits von der Partei „Die Anderen" regiert.

2.Die Corona-Pandemie 2030 in Deutschland

Am Anfang Dezember des Jahres 2020 wurde in Deutschland die Zahl von 20.000 Personen gezählt, die in Verbindung mit dem Covid-19 Virus gestorben sind. Am Ende des Jahres waren es schon über 30.000 Verstorbene.

Der größte Teil der Verstorbenen kam 2020 aus der Altersgruppe der über 60Jährigen (Bild 2.1)

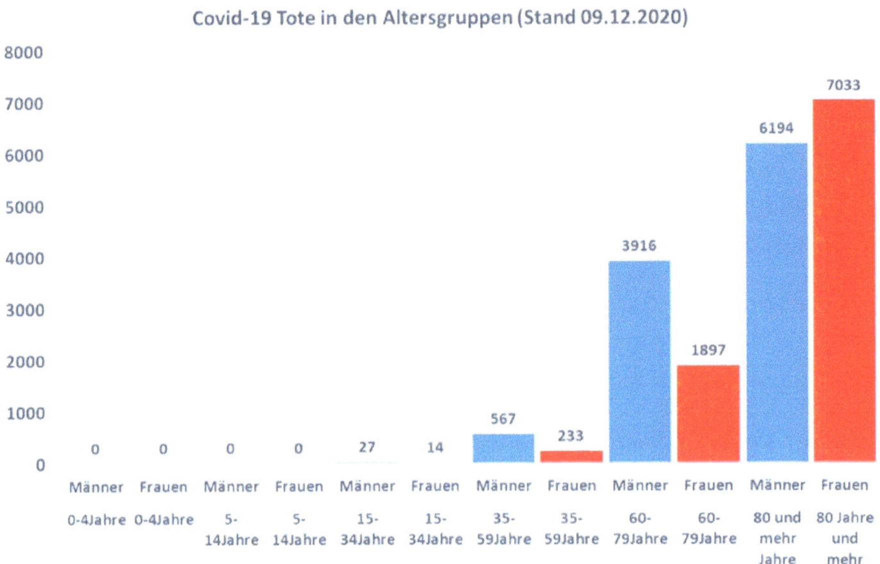

Bild 2.1: Covid-19 Tote in den Altersgruppen im Dezember 2020

Die höchsten Infektionszahlen kamen jedoch von den jüngeren Personen der Altersgruppe 15-34Jahre. Bei diesen Personen war die Zahl der Verstorbenen allerdings sehr gering (Bild 2.2).

Nach dieser Altersgruppe kam die zweithöchste Anzahl an Infizierten bereits von den über 80 Jahre alten Personen. Hier wurde besonders deutlich, dass es nicht gelungen war, die alten Menschen in den Pflegeheimen ausreichend zu schützen.

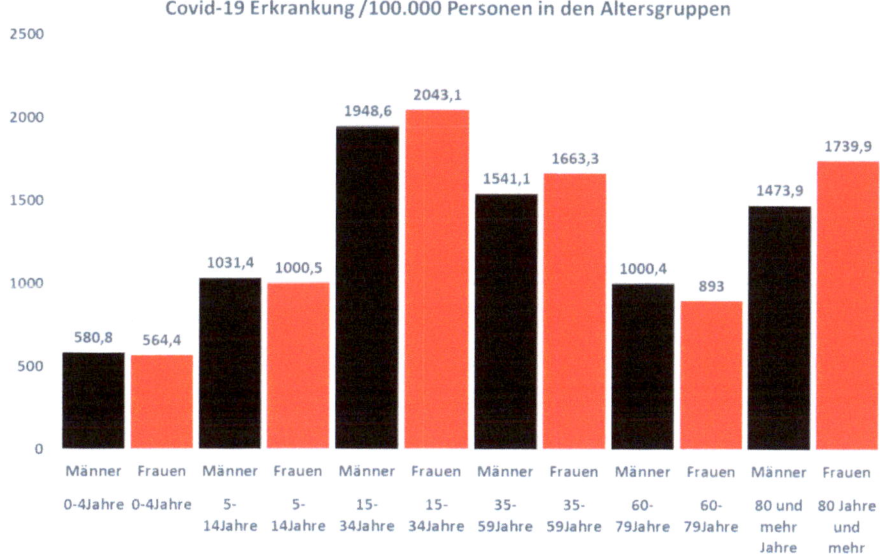

Bild 2.2: Covid-19 Erkrankung/100.000 Personen in den Altersgruppen

Die Zahl der Infizierten war Ende 2020 auf über 30.000 Infizierte/Tag und 600 -1100 Verstorbene/Tag gestiegen.

Dies war der Grund für die große Koalition Ende 2020 und Anfang 2021 erneut einen harten Lockdown zu beschließen, mit der Hoffnung hierdurch die Infektionszahlen wieder zu senken bis mit einer großen Zahl von Impfungen begonnen werden konnte. Dies war auch im Januar 2021 der Fall.

Die erhoffte Auswirkung auf die Senkung der Infektionen und die Zahl der Verstorbenen setzte jedoch im Jahr 2021 nicht wie erwartet ein. Der beginnende Wahlkampf für die Bundestagswahl im Herbst 2021 verhinderte eine konsequente Strategie der Bunderegierung und der Länder zur Bekämpfung der Pandemie.

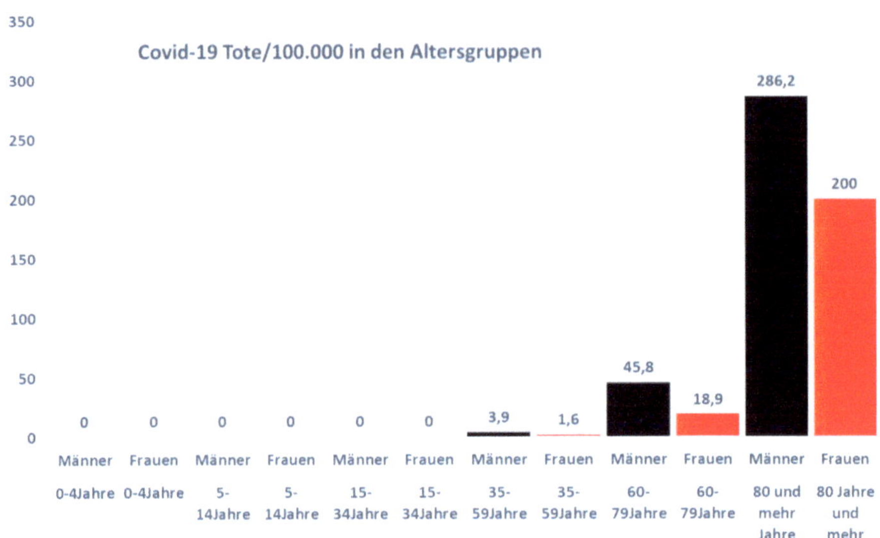

Bild 2.3: Covid-19 Tote/100.000 Personen in den Altersgruppen 2020

Zur Aufrechterhaltung der Wirtschaft musste 2021 eine Übersterblichkeit von 20% in Kauf genommen werden, und es war klar, dass nach der Bundestagwahl im Herbst 2012 mit verbesserten langfristigen Konzepten und einer längerfristigen Strategie gegen das Virus Covid-19 gearbeitet werden musste.

Als sich dann noch Ende 2021 herausstellte, dass das Virus mutierte und der Impfstoff angepasst werden musste wurde allen klar, dass man die Probleme nicht weiter wie bisher behandeln konnte.

Mit dem Einzug der Grünen in die neue Bundesregierung wurde daher für die Bürger in den folgenden Jahren die neue Doppelstrategie „Separierung und Demobilisierung" unter Zuhilfenahme der Digitalisierung entwickelt. Mit dieser Strategie wollte man einerseits die hohen Todeszahlen durch Covid-19ff senken und gleichzeitig die Emissionszahlen von CO_2 zum Schutz des Klimas reduzieren.

Diese Strategie war mit erheblichen Investitionen in die Digitalisierung durch den Netzausbau und die Qualifizierung der Anwender verbunden.

Gleichzeitig führte die von den Grünen geforderte Transformation der Industriegesellschaft zu erheblichen wirtschaftlichen Problemen in der Bundesrepublik. Das Konzept existiert bis heute und hat zu massiven Veränderungen des Lebens der Bürger geführt, aber auch zu einer gefährlichen Spaltung der Gesellschaft. Während zwei Drittel der Gesellschaft das neue Leben mit seinen Einschränkungen akzeptieren, haben sich ein Drittel verweigert.

Mit diesen Maßnahmen ist es der Regierung gelungen, die Pandemie auf hohem Niveau zu stabilisieren und die Todeszahlen zu begrenzen, indem man die vulnerablen Gruppen von den infizierten trennt. Die Reduzierung der Mobilität hat gleichzeitig zu einer erheblichen Reduzierung der CO_2-Emissionen geführt, ohne dass dies sich bereits im Klima bemerkbar gemacht hat.

Die neue Große Koalition seit 2029 sucht immer noch nach neuen Wegen aus der wirtschaftlichen Krise und der Spaltung der Gesellschaft, denn das Leben hat sich entscheidend verändert. Im Folgenden wird dargestellt, wie heute das Leben innerhalb und außerhalb der Gesellschaft aussieht.

3. Das neue Überlebenskonzept

Das neue gedankliche Haus des Überlebens besteht aus den drei Säulen **Separierung, Demobilisierung und industrielle Transformation** mit dem darüberliegenden Dach der **Digitalisierung**.

Diese aus wissenschaftlichen Erkenntnissen und sachlichen Notwendigkeiten entwickelte Struktur muss in Einklang mit den Bedürfnissen der Menschen gebracht werden. Dies ist eine ständige Herausforderung und hat zu der heutigen Spaltung der Gesellschaft geführt.

3.1 Separierung

Diese Säule des Konzeptes soll die Infektionszahlen für das Covid-19 Virus durch die Kontaktvermeidung zwischen den Infizierten, den immunen Überträgern und den Vulnerablen begrenzen. Wenn besonders vulnerable Personen infiziert sind, muss mit einer hohen Sterberate bis zu 25% gerechnet werden, auch wenn die neuesten medizinischen Erkenntnisse bei der Behandlung genutzt werden.

Seit 2024 werden die Bürger und Bürgerinnen diesen Kategorien zugeordnet:

Der Status wird ihnen von der Kommune zugewiesen, soweit sie sich freiwillig für Beteiligung an der Doppelstrategie entschieden haben. Nach der Abschaffung aller Ausweisdokumente im Jahr 2024 und Integration der Daten in das Smartphone ist dieser Status fester Bestandteil der Personen-Identifikation und Zugangsschlüssel für diverse Lokalitäten.

Diejenigen Personen über 18 Jahre, die sich schriftlich gegen eine Beteiligung ausgesprochen haben, haben nur Anspruch auf einen nachrangigen Schutz durch die Gesellschaft (wirtschaftlich und gesundheitlich).

1. **Infizierte**

Dies sind alle positiv getesteten Personen auf Covid-19 ff., sowie alle zum gleichen Haushalt gehörenden Personen egal welchen Alters.

2. **Vulnerable Personen**

Dies sind alle Personen über 35 Jahre, die an dem Virus schwer erkranken oder sterben können, und die nicht nach einer Erkrankung genesen sind, oder nicht geimpft sind

3. **Immune Überträger**

Dies sind alle Personen unter 35Jahren, die nicht infiziert sind und die Personen, die nach einer Erkrankung genesen sind, solange, bis eine neue Mutation des Virus erkannt wird und sich ausbreitet.

Überträger sind in der Regel nicht vulnerabel.

4. **Geimpfte Personen**

   Dies sind die Personen, die gegen die derzeitige Covid-19 Mutation nachweislich geimpft sind.

5. **Andere und Freidenker**

   Alle Personen über 18 Jahren, die sich gegen eine Beteiligung an dem Schutzkonzept ausgesprochen haben, und nur bereit sind sich bei einer Infektion den Einschränkungen zu unterwerfen.

Es gelten strenge Kontaktregeln:

Infizierte haben keinen Kontakt außerhalb ihres Haushaltes mit Ausnahme eines immunen Überträgers für Infizierte.

Überträger dürfen entweder Kontakte zu Infizierten oder zu Vulnerablen haben, aber nicht zu beiden.

Vulnerable Personen dürfen Kontakte zu einem weiteren Haushalt haben und zu Überträgern für Vulnerable

Für alle Personen gilt die Maskenpflicht außerhalb der eigenen Wohnung.

3.2 Demobilisierung

Die zweite Säule des neuen Konzeptes bestand in der Demobilisierung. Schon lange war klar, dass die Emissionen des Pkw-Verkehrs einen großen Teil der CO_2-Emissisonen verursachten, und es war klar, dass die notwendige Umrüstung bzw. der Ersatz der Verbrennungsmotoren viel zu lange dauern würde, wenn man schnell eine Absenkung der Emissionen erreichen wollte. Einen viel größeren Effekt würde man erreichen, wenn man den Verkehr insgesamt reduzieren würde.

Die drei Hauptbereiche der Mobilität waren die An- und Abfahrten zur Arbeit in den Städten, die Einkaufsfahrten der Bürger zu den Supermärkten und Einzelhändlern in den Großstädten, sowie der gesamte Freizeit- und Reiseverkehr.

Für die gewünschte Einschränkung gab es neben dem Klimaschutz weitere gewichtige Gründe, wie die Notwendigkeit die Infektionen zu begrenzen oder die Vorteile, die sich aus einer nicht mehr erforderlichen Fahrt für den Einzelnen ergeben.

So wurden drei Maßnahmen eingeführt:

- Einführung der Homeoffices (Kap.4.7)

- Versorgung der Bürger durch Drohnen (Kap.5)

- Entwicklung des Online-Reiseerlebnisses (Seite 25)

3.3 Industrielle Transformation

Die bereits vor der Pandemie 2020 eingeleitete Transformation der Industrie aufgrund des Pariser Klimaabkommens wurde seit 2021 unter Führung der Grünen massiv verschärft. Die Kohlekraftwerke in NRW wurden bereits 2028 zum größten Teil stillgelegt. 80 % der Energie wird heute bereits aus erneuerbaren Energien gewonnen. Hierzu haben auch die Erleichterungen für den Bau von Windkraftanlagen und die verpflichtende Nutzung von Photovoltaik-Anlagen auf Wohn- und Bürogebäuden beigetragen.

Der mit der Windenergie hergestellte Wasserstoff hat sich als saubere Energie breite Anwendungsfelder in der Transport- und Bauindustrie sowie der Landwirtschaft erschlossen.

3.4 Digitalisierung

Die erste große Pandemie der Neuzeit hatte in Deutschland die großen Defizite in der Digitalisierung offenbart. Dies betraf die Infrastruktur, die Digitalisierung der Unternehmensprozesse und der öffentlichen Verwaltungen, die fehlende Digitalisierung im Bildungswesen und insbesondere die Qualifikation der Lehrer, aber auch vieler Bürger.

Die Zwänge der Pandemieeinschränkungen veränderten die Einstellung zur Digitalisierung einschneidend. Jetzt wurden nicht mehr nur die Risiken der Digitalisierung betrachtet, sondern es wurde wahrgenommen, dass sie die Chance bot mit der Pandemie zu leben. Daher konnten in den folgenden Jahren die Defizite durch gemeinsame Anstrengungen reduziert werden. Die hohen Investitionen der Regierung in diesem Bereich waren die Voraussetzung dafür, dass das Konzept „Separierung und Demobilisierung" überhaupt eine Chance hatte erfolgreich zu sein.

4. Das Leben im Jahr 2030 - Leben mit Covid-19 ff

Am Ende des ersten Pandemiejahres 2020 lebten die Menschen noch mit der Hoffnung auf ein Ende der Pandemie und die Rückkehr in ein normales Leben, wenn erst einmal die Impfungen erfolgreich durchgeführt werden konnten. Die Virologen und Experten wussten es zwar besser, aber sie ließen den Menschen ihre Zuversicht.

Wie andere Viren mutierte auch das Coronavirus und die Menschen mussten lernen mit dem Virus zu leben. Der Impfschutz war damit zeitlich begrenz wie bei der jährlichen Grippe. Da dieses Virus aber ernstzunehmender war als ein normales Grippevirus, gab es kein weiter so wie bisher. Dies glaubte und verstand zumindest der größte Teil der Gesellschaft. Was 2020 im Fußball noch ein Geisterspiel genannt wurde, ist heute Normalität. Kein Mensch könnte sich heute mehr vorstellen, in ein Stadion mit Zigtausend Menschen zu gehen. Undenkbar, dass es so etwas mal gegeben hatte.

Lassen sie uns im Folgenden betrachten wie sich das Leben heute gestaltet:

4.1 Die Infizierten

Ist die Infektion festgestellt, ist der Infizierte verpflichtet unmittelbar seine Infektion in die Corona-App einzutragen. Er und alle im gleichen Haushalt lebenden Personen werden unter Quarantäne gestellt. Das war schon vor 10 Jahren so, im Prinzip. Aber es war wurde nicht kontrolliert. Das ist heute anders.

Die Betroffenen müssen versorgt und von anderen Menschen getrennt werden. Sie benötigen alle lebensnotwendigen Dinge, gesundheitliche Betreuung und eine Fortsetzung ihrer Ausbildung.

Aufgrund der hohen Todesraten von 20-25% der vulnerablen Personen in der Gruppe der über 80-Jährigen, wird diesen Personen empfohlen, sich ebenfalls an den Maßnahmen für die Infizierten zu orientieren.

Versorgung

Die kontaktlose Versorgung ist inzwischen durch den seit vier Jahren eingeführten Drohnenablegeplatz für jede Wohnung ermöglicht.

Mit der Verordnung vom 3. März 2024 wurden alle Eigenheimbesitzer verpflichtet einen Drohnenablegeplatz bis zum 31.12.2026 einzurichten.

Infizierte Personen sind verpflichtet diese Möglichkeit zu nutzen.

Auf dem Markt werden verschiedene Module von Anlegeplätzen angeboten, mit denen bis zu vier Wohnungen versorgt werden können.

Bei Annäherung der Drohne an die Ablegebox wird diese über die Codierung automatisch geöffnet, so dass die Lieferung abgelegt werden kann.

Gleichzeitig erhält der Bewohner eine Meldung der Lieferung auf sein Smartphone. Nach Ablegen der Drohne wird der Ablegeplatz wieder automatisch verschlossen.

Der Ablegeplatz hat eine Identnummer, die bei Bestellungen mitgenannt wird. Jede Ablegebox hat darüber hinaus ein Aufnahmeteil. Ist dieser Bereich bei Ankommen einer Drohne mit einer Sendung belegt, so nimmt die Drohne nach dem Ablegen ihrer Lieferung dieses Teil auf und bringt es zum Verteilerzentrum in der Region.

Mit der Quarantänemeldung des Infizierten erfolgt automatisch die Registrierung beim Drohnendienst, der die notwendige Belieferung mit dem gewählten Supermarkt organisiert. Als erste Lieferung erhält der Infizierte unaufgefordert ein medizinisches Notfallpaket zur Infektionsvermeidung im Haushalt und zur Infektionsbegleitung. Für die Lebensmittelversorgung kann er zwischen einigen Grundversorgungspaketen wählen, oder direkt eigene Bestellungen online ordern.

In den Mehrfamilienhäusern und drohnenfreien Gebieten in Großstädten wird die Verteilung durch die „Transporter" ermöglicht.

Medizinische Betreuung

Mit der Quarantänemeldung wird der Infizierte sofort der medizinischen Online Überwachung seines Hausarztes zugeordnet.

(Die medizinische Online Überwachung ist mittlerweile in den Leistungskatalog aller Krankenkassen aufgenommen worden und selbstverständlich von jedem Arzt zu beziehen. Bei chronisch kranken Personen ist sie fester Bestandteil der Therapie.)

Spätestens jetzt erhält der Hausarzt einen vollständigen Anamnesebogen mit allen Vorerkrankungen des Patienten, so dass er den Gefährdungsgrad des Patienten beurteilen und rechtzeitig eine Einweisung in ein Krankenhaus veranlassen kann, wenn der Krankheitsverlauf dies erfordert.

Der Hausarzt erhält vom Infizierten die medizinischen Messergebnisse des Patienten während des Infektionsverlaufes. Er allein entscheidet über die Beendigung der Quarantäne als Infizierter.

Arbeitsmedizinische Betreuung

In der Regel hat der Infizierte einen Heimarbeitsplatz. Da bei vielen Infizierten die Krankheit leicht verläuft, oder nicht ausbricht, entscheidet der Hausarzt über die Arbeitsfähigkeit entsprechend dem Krankheitsverlauf. Infektion bedeutet nicht Arbeitsunfähigkeit.

Gehört der Infizierte zu den Personen, für die keine Heimarbeit möglich ist, wird er automatisch in Kurzarbeit gesetzt.

Schulung und Ausbildung der Kinder

Die Quarantäne der Kinder ist nicht mehr wie früher mit dem Verlust für Chancengleichheit verbunden. Ihr Unterricht findet zum größten Teil bereits online statt. *(siehe gesonderten Punkt: Digitalisierung im Bildungswesen)*

Das Gleiche gilt auch für die Berufsausbildung oder das Studium der Kinder.

Psychologische Unterstützung von Infizierten

Die Infizierten erhalten grundsätzlich von der Krankenkasse psychologische Unterstützung und Zugang zu Online-Selbsthilfegruppen

4.2 Die Vulnerablen

Selbstverständlich müssen alle Personen dieser Gruppe in der Öffentlichkeit und in Geschäften und anderen Einrichtungen FFP 2Masken tragen. Für sie gilt die Maxime alle unnötigen Kontakte zu anderen Personen soweit wie möglich zu vermeiden. Um die sozialen Kontakte weiterhin nutzen zu können, haben sie alle anderen Kontakte mit Hilfe der Technik eingeschränkt.

Dazu hat die Weiterentwicklung der Online-Dienste erheblich beigetragen. Supermärkte und der Einzelhandel (Kap. 4.12) werden kaum noch aufgesucht. Der bereits im ersten Jahr der Pandemie boomende Onlinehandel hat auch den Lebensmittelbereich erfasst.

Die unbegrenzte Liefermöglichkeit über 24 Stunden mit den Drohnen und die intelligenten Erfassungen der Nutzerbedürfnisse über die Datenverarbeitung haben zu einer hohen Akzeptanz dieser Dienste beigetragen. 80 % der Grundbedürfnisse wurden von den Systemen schon nach wenigen Bestellungen erkannt, so dass sich der Kunde auf die Angebote und Sonderwünsche konzentrieren konnte.

Die ersten smarten Kühl- und Lagerschränke erfassen bereits Bestandsreduzierungen von Lebensmitteln über die RFID Codierungen und lösen die Nachlieferung aus.

Reiseeinschränkungen /Videoreisen

Besonders hart getroffen wurde diese Gruppe von den eingeschränkten Reisemöglichkeiten, da auch außerhalb Deutschlands immer wieder neue Viruswellen auftraten und kaum sichere Reiseländer zu finden waren. Die Länder in Asien, denen es mit ihren extremen Maßnahmen gelungen war die Pandemie klein zu halten, bauten hohe Hürden für Einreisende aus Europa auf.

Die Reisebranche entwickelte deshalb die Online-Livereise. Der Onlinereisende kann über sein Smartphone oder Fernsehgerät die bewegliche Kamera einer Drohne an seinem Reiseziel steuern und sein Reiseziel erkunden.

Er hat die Option reisezieltypische Musik und Speisen zu ordern. Die speziell für diese Onlinereisen entwickelten großflächigen Bildgeräte mit den 3D - Betrachtungsgeräten förderten die Nachfrage sehr. Nach anfänglichen Startschwierigkeiten hat sich dieser Reisetypus besonders als Wiederentdeckungs- und Erinnerungsreise einen festen Kundenstamm erobert. Als Highlight wird eine Reise angeboten, bei der die Kamera am

Reiseziel von einem Reisecoach nach den Wünschen des Onlinereisenden geführt wird.

Diese neue Reiseart gibt ihm auch die Möglichkeit seinen gesetzlich begrenzten CO_2-Fußabdruck für andere Aktivitäten zu nutzen.

Seinen Zweitwagen musste er schon wegen der Limitierung der persönlichen CO_2-Fußabdruckes verkaufen. Da er noch einen Verbrennungsmotor hatte, hatte er dafür hohe Verluste in Kauf nehmen müssen. Da seine Frau aber zu Hause einen Heimarbeitsplatz einrichten konnte, war der Verlust des Zweitwagens zu verschmerzen.

Viel mehr schmerzte es ihn, dass er seinen Fleischkonsum sehr einschränken musste, um noch ein paar Freiheitgrade im Fußabdruck für den Besuch der Enkelkinder zu haben.

4.3 Die immunen Überträger

Sie sind die beneideten Bürger in Deutschland mit den größten Freiheitsgraden.

Alle festgestellten Virus Mutationen konnten ihnen bisher, soweit sie keine Vorerkrankungen hatten, wenig anhaben. Ihre Immunsysteme konnten das Virus außer Kraft setzen.

Sie wären damit von der Pandemie nicht betroffen, wenn sie nicht auch Überträger des Virus wären. Gerade zu Beginn der Pandemie hatte ihre hohe Mobilität und Kontaktfrequenz zu einer schnellen Ausbreitung des Virus geführt.

Die Notwendigkeit von ihnen ein solidarisches Verhalten zu verlangen war eine dauerhafte Aufgabe in der Gesellschaft. Sie gipfelte im Jahre 2025 in der Verpflichtung aller jungen Leute im Kampf gegen die Pandemie ein soziales

Jahr zu leisten. Seitdem hat sich das solidarische Verhalten sehr positiv entwickelt.

4.4 Geimpfte Personen

Der Status der geimpften Personen ist im Smartphon registriert und erlaubt ungehinderten Zugang zu allen Einrichtungen wie vor der Pandemie. Bei Auftreten neuer Mutationen des Covid-19 Virus, für die kein Impfschutz mehr besteht, wird der Status wieder zurückgesetzt. Bisher ist das bereits zweimal geschehen 2024 und 2027, als neue Mutationen auftauchten und der Impfstoff angepasst werden musste.

4.5 Die Anderen und die Freidenker

Die Risikobewertung des Klimawandels und die Risikobereitschaft bei einer Erkrankung an Covid-19ff ist sehr stark von persönlichen Einstellungen geprägt. Es gibt daher nach wie vor Personen, die die gesetzlichen Einschränkungen und Auflagen aus den verschiedensten Gründen ablehnen.

Während die Freidenker bereit sind wegen ihrer Freiheit höhere Risiken auf sich zu nehmen, gibt es zunehmend die „Anderen", die die Klimaveränderungen nicht sehen wollen, die die Toten der Pandemie leugnen, und die nicht bereit sind, sich solidarisch zum Schutz der Vulnerablen in der Gesellschaft zu verhalten.

Diese Gruppen sind mit zunehmender Dauer der Einschränkungen immer größer geworden und die Regierung hat Probleme diese Gruppen weiterhin von der Mitwirkung und Beachtung de Auflagen zu überzeugen. Sie versuchen mit allen ihnen zur Verfügung stehenden Mitteln, die zur Eingrenzung der Pandemie festgelegten Maßnahmen der Regierung zu verhindern oder zu unterlaufen.

Während die Freidenker noch rationalen Argumenten zugänglich sind, sind die anderen nicht mehr grundlegende wissenschaftliche Erkenntnisse und Fakten zur Kenntnis zu nehmen.

Die Situation in den östlichen Bundesländern Sachsen, Thüringen und Sachsen-Anhalt ist bereits seit der Regierungsübernahme durch diese Gruppierungen kritisch geworden. Die neue Allparteienregierung der alten Volksparteien seit 2029 muss einen Weg finden, um die Spaltung der Gesellschaft wieder zu verringern.

4.6 Der Verkehr

---04.Novemebr 2039--

Martin Melzer sitzt entspannt in einem Elektrofahrzeug auf dem Weg von Kürten nach Köln. Er hat heute einen persönlichen Termin bei seinem Arzt in der Universitätsklinik in Köln/Merheim.

Es ist 7.00 Uhr und nur wenige Fahrzeuge von Handwerkern sind auf der Straße. Er schaut sich entspannt die neuesten Nachrichten auf dem Monitor an, denn sein Fahrzeug hat ein autonomes Führungssystem. Er hat es schon ein paarmal benutzt, aber es ist für ihn immer noch gewöhnungsbedürftig, nicht selber das Fahrzeug lenken zu dürfen. Das Fahrziel ist eingegeben und Martin Melzer kann entspannt das Kommunikationssystem des Fahrzeugs nutzen. Es ist nicht sein eigenes Fahrzeug, denn er braucht es nur sehr selten. Das bordeigene Versorgungssystem mit Getränken und Speisen hatte er wegen der kurzen Fahrzeit nicht mit gebucht. Gestern hatte er das Fahrzeug bestellt, und wie immer hat es heute Morgen zuverlässig allein den Weg zu ihm gefunden.

Draußen wird es langsam hell, und er kann sehen wie noch immer in luftiger Höhe einige der fleißigen Drohnen schwirren, um die Menschen zu versorgen. So wie sie ihn in den letzten harten Wochen der Quarantäne mit allem versorgt hatten, was er brauchte, bestellen und sich leisten konnte. Eigentlich müssten die meisten von ihnen bis 6.00 Uhr zurück in Ihrer Ladestation auf der alten stillgelegten Mülldeponie in Moitzfeld sein. Es gab wohl wieder einige kritische Versorgungsfälle.

Er erinnert sich noch gut, wie er vor zehn Jahren auf dem Weg zur Arbeit in Köln bereits häufig in Spitze im ersten Stau stand und sich quälend langsam seinem Ziel in Köln näherte. Am Abend das gleiche frustrierende Fahren in der Autoschlange auf dem Rückweg. Der Monitor sagt heute keine Verkehrsbehinderung voraus, was auch sehr verwunderlich wäre, denn nur wenige seiner Kollegen haben noch ein eigenes Auto, da sie einen Online-Arbeitsplatz haben. Die Verkehrsdichte ist daher sehr gering geworden.

Wer hätte das gedacht, dass es so schnell kommen würde. Aber wer hatte schon ahnen können, dass heute eine Pandemie unser Leben bestimmt und der Klimawandel schien weit weg von Deutschland.

Kurz hinter Herkenrath war jetzt der Blick frei auf Köln mit seinem Dom. Nachdem schon 2019 viele Fichten der Trockenheit zum Opfer gefallen waren, haben die drei folgenden heißen und trockenen Jahre auch die letzten verbliebenen Fichten zerstört, die den Blick auf den Dom versperrten. Erfreulich immerhin zu sehen, dass unmittelbar nach dem Entfernen des Totholzes mit dem Wiederaufforsten begonnen worden war.

Wie gut war es doch, dass er trotz nachgewiesener Covid-19 Infektion seine Arbeit von Kürten aus in Heimarbeit fortsetzen konnte. Der ihn begleitende Hausarzt war gestern zu dem Schluss gekommen, dass er die Infektion ohne einen kritischen Ausbruch überstanden hat. Heute bei der abschließenden Untersuchung hoffte er den Status „Infizierter", und die damit verbundenen Auflagen beenden zu können.

Der neue Status würde hoffentlich „Immuner" sein und etwas länger dauern als vor zwei Jahren. Das wird ein Grund zum Feiern sein, denn dann könnte er seine Enkelkinder bald wieder treffen und wieder soziale Kontakte haben.

Er erinnerte sich gut, dass man vor zehn Jahren noch der Auffassung gewesen war, dass es der einzige Weg sei, die Treibhausgas-Emissionen der Pkw zu verringern, indem man den Transport der Menschen in den öffentlichen

Verkehr verlagerte. Man hatte überlegt, die Straßenbahn S1 von Köln nach Bensberg bis nach Kürten weiterzuführen und sogar über den Bau einer Seilbahn von Bensberg nach Spitze diskutiert. Welch ein Irrweg. Da musste erst die Pandemie kommen, um dem Klima zu helfen.

Der morgendliche und abendliche Verkehrsstau aus dem Jahre 2019 auf dem Weg zur Arbeit in Köln ist heute nur noch eine schreckliche Erinnerung.

Auf die naheliegende Idee die Arbeit im Büro des Unternehmens durch Heimarbeit zu erbringen musste uns erst die Pandemie bringen. Unverzüglich und notgedrungen hatten sich die Unternehmen bereits zu Beginn der Pandemie 2020 zur Aufrechterhaltung ihrer Tätigkeit mit dieser Möglichkeit beschäftigt und entsprechende Prozesse auf den Weg gebracht.

Diese in vielen Unternehmen mögliche Verlagerung wurde nach 2021 von der neuen Bundesregierung durch das Recht auf Heimarbeit ergänzt, das bereits 2020 von der SPD gefordert worden war.

Das im Jahr 2022 verabschiedete Gesetz der schwarz-grünen Bundesregierung gab jedem Mitarbeiter das Recht von seinem Arbeitgeber prüfen zu lassen, ob und wie viel seiner Arbeit im Homeoffice erbracht werden kann. Die Umwandlung von Unternehmensarbeit in Onlinearbeit und die Unternehmensinnovationen zur Digitalisierung ihrer Prozesse wurde gleichzeitig mit steuerlichen Entlastungen gefördert.

Durch keine anderen Maßnahmen konnten so schnell die Emissionen von Treibhausgasen und Feinstaub reduziert werden, wie durch den Verzicht auf die An- und Abfahrten zum Arbeitsplatz. Die gewonnene Zeit der Arbeitnehmer durch den Wegfall der Fahr- und Stauzeiten war ein erheblicher Anreiz für die Arbeitnehmer diese Möglichkeit anzunehmen.

Für viele Arbeitnehmer entfiel damit auch die Notwendigkeit einen PKW zu besitzen, um arbeiten zu können. Sehr schnell konnten damit viele Familien auf den Zweitwagen verzichten (siehe auch Kap.7).

Der Fahrzeugbestand der Pkw hatte 2019 mit 47,7 Mio. Pkw den höchsten Stand aller Zeiten erreicht. Mit Beginn der Coronapandemie verharrte er bis 2022 auf hohem Niveau, um dann mit zunehmender Heimarbeit und den Einschränkungen der Reisefreiheit durch die Pandemie kontinuierlich abzusinken. Der Bestand liegt heute bei nur noch 30 Mio. und scheint sich mittelfristig auf ein Niveau von 20 Mio. Fahrzeuge abzusenken.

Der Verkehr ist stark reduziert auf den Weg zur Arbeit in den Produktionsstätten und den Transport von Gütern der Hersteller zu den Verteilerzentren. Der Anteil der Elektrofahrzeuge und der Fahrzeuge mit Wasserstoffantrieb bei den PKW ist erheblich gestiegen, seitdem die Neufahrzeuge nur noch alternative Antriebsarten nutzen dürfen und nur Elektrofahrzeuge in die Innenstädte fahren dürfen.

Bei den Lastkraftwagen und Bussen setzten sich immer mehr die Wasserstoffantriebe durch. Erhebliche Entlastung für den Transport auf den letzten Kilometern zum Verbraucher haben die Drohnen gebracht, die in hohem Maße in den Randbereichen der Städte und in den ländlichen Wohngebieten eingesetzt werden.

4.7 Digitalisierung des Bildungswesens

Die Pandemie hat 2020 die Kultusminister der Länder aus ihrem Dornröschenschlaf geweckt. Das ganze Jahr 2020 haben sie gebraucht, um sich von dem Schrecken zu erholen, sie haben Schüler und Eltern ins Chaos gestürzt und sich der Hoffnung hingegeben, dass nach der Impfung alles so sein wird wie früher. Präsensunterricht.

Diese Hoffnung verflog im ersten Halbjahr 2021, in dem die Schüler und Lehrer weiter unter den Defiziten der Schulen in der Digitalisierung leiden mussten.

Der Anstoß für die Wende kam von der Industrie, den Eltern und dem Eintritt der Grünen in die neue Bundesregierung im Herbst 2021. Aber es vergingen noch zwei weitere Jahre, bis die Bundesländer von der Notwendigkeit einer Veränderung überzeugt werden konnten.

Die Fähigkeiten der Menschen im Umgang mit der Digitalisierung und die persönliche Nutzung wurden als Grundpfeiler für die Erhaltung der Zukunftsfähigkeit unserer Gesellschaft unter den veränderten Rahmenbedingungen der Welt mit den Pandemien und den klimatischen Veränderungen angesehen.

Für die Schulen wurde ein Digitalisierungskonzept entwickelt, an dessen Ende nach sechs Jahren im Jahre 2028 die weitgehende Digitalisierung und Standardisierung des Unterrichts an den Schulen, bei der Berufsausbildung und bei dem Studium stand.

Der Unterricht findet heute nicht mehr in den Schulen statt. Der Ort Schule dient ausschließlich den sozialen Kontakten und dem Sport unter den Schülern sowie der Projektarbeit.

Der Unterricht findet nur online statt. Der Schüler bestimmt seinen Arbeitsfortschritt in seiner Leistungsstufe, wie auch den Zeitpunkt von Tests zur Erreichung und zum Nachweis festgesetzter Leistungsziele.

Das Online-Unterrichtsmaterial wird nicht mehr von dem betreuenden Lehrer erstellt. Die Abhängigkeit des Lernerfolges von der Qualität des Lehrers ist damit weitgehend beseitigt.

Die unvertretbare Ressourcenverschwendung bei der Erstellung des individuellen Unterrichtsstoffes durch jeden einzelnen Lehrer ist endlich beendet, und die unterschiedliche Qualität geht nicht mehr zum Nachteil der Schüler.

Für die Nutzung der Digitalisierung im außerschulischen Bereich hatten sich bereits vor 2020 große Internetplattformen etabliert, auf denen bereits Tausende von Weiterbildungsangeboten von unzähligen Menschen genutzt wurden. Darüber hinaus hatten sich in den sozialen Netzwerken bereits

Dozenten etabliert, die schulische Unterrichtsthemen aufgriffen und den Schülern halfen schwierige Themen z.B. in der Mathematik zu verstehen.

Während in den Schulen noch über Sprachlabore diskutiert wurde, hatten sich in der freien Wirtschaft für die Sprachausbildung der Mitarbeiter bereits seit langem Onlinesysteme durchgesetzt.

Auf diese Entwicklung gab es bis 2020 keine Reaktion der deutschen Schulen und sie wurden bis 2021 immer weiter von der dynamischen Entwicklung der Ausbildung in den anderen Ländern, insbesondere in Asien, abgehängt.

Der heute im Internet auf der Schulplattform angebotene Unterrichtsstoff mit allen Begleitmaterialien, Lernschleifen, Übungen und Tests ist zentral von Schulkommissionen entwickelt worden. Die Erstellung dieses Kompendiums der Unterrichtseinheiten war eine gigantische Aufgabe, die in der Übergangszeit bis 2028 bei teilweiser Aufrechterhaltung des bisherigen Unterrichtes bewältigt werden musste.

Die Leistung dieser Bildungsstandardisierung ist vergleichbar mit der Aufgabe in Europa am Anfang der neunziger Jahre des letzten Jahrhunderts, als die technischen Regelwerke der einzelnen Länder für den freien europäischen Binnenmarkt harmonisiert werden mussten. Auch hier hatten Tausende von Fachexperten in jahrelanger Kleinarbeit ein gemeinsames neues Regelwerk erarbeitet, das auch heute noch kontinuierlich fortgeschrieben wird.

Die Kulturhoheit der Bundesländer im Bildungswesen wurde abgeschafft, aber alle Bundesländer konnten sich im Rahmen des Projektes bei der inhaltlichen Ausgestaltung beteiligen. Bei der Erstellung der Unterrichtsmaterialien wurden erstmalig alle Erfahrungen, die bereits in anderen Foren gesammelt worden waren, verarbeitet. Die Fachkommissionen bleiben bestehen und sind für die kontinuierliche Weiterentwicklung der Bildungsmaterialen und der implizierten künstlichen Intelligenz verantwortlich.

Selbstverständlich werden von den Schülern die Dozenten und die gesamte Wissensvermittlung kontinuierlich bewertet. Die Rückmeldungen werden von der zuständigen Fachkommission aufgegriffen, so dass die Kurse kontinuierlich verbessert und den Bedürfnissen der verschiedenen Schüler angepasst werden konnten. Bei neuen pädagogischen Erkenntnissen und wissenschaftlichem Fortschritt können die notwendigen Änderungen des Unterrichtstoffes unmittelbar umgesetzt werden.

Der Lehrer ist heute nur der Begleiter des Lernprozesses des Schülers, der den Fortschritt seines Schülers verfolgt und ihn motivierend und notfalls helfend unterstützt.

Die Ausbildung der Lehrer hat sich entsprechend erheblich verändert. Gleichwertig neben der notwendigen Fachkompetenz, stehen die pädagogischen Fähigkeiten und die IT-Kompetenz der Lehrer. Er ist Coach für Projektarbeiten zwischen den Schülern und verantwortlich für die Sozialtage in der Schule. Zu Beginn des neuen Schuljahres stellt er sicher, dass alle Schüler seiner Lerngruppe über die erforderlichen Einrichtungen und Fähigkeiten verfügen, die für die Teilnahme am Online-Unterricht notwendig sind.

Die Widerstände gegen diese Bildungsstandardisierung waren zunächst sehr heftig. Es wurde bestritten, dass dieses neue System den unterschiedlichen Bedürfnissen und Fähigkeiten der Schüler gerecht werden kann. Es wurde nicht erkannt, dass dieses System mit zunehmender Nutzung durch die Schüler der intelligenteste Lehrer wird.

Dieses IT-System erkennt sehr schnell Fähigkeiten und Defizite und reagiert mit entsprechenden Hilfsangeboten. Damit kann der Lernvorgang viel besser an den einzelnen Schüler angepasst werden, als es einem guten Lehrer möglich wäre. Diese Erkenntnis hat sich heute durchgesetzt.

Die komplette Nutzung dieses Systems in den letzten zwei Jahren in allen Schulen hat zwangsläufig dazu geführt die bisherige Struktur des Schulwesens mit Schularten, Schulzeiten und Klassen infrage zu stellen.

So wird ab 2031 die zweite Stufe der Bildungsreform eingeleitet. Alle Schüler nutzen das gleiche System, das entsprechend den Fähigkeiten und Wünschen des Einzelnen zu unterschiedlichen Bildungsabschlüssen führt. Die zeitliche Erbringung der Bildungsabschlüsse liegt in der Verantwortung des Einzelnen.

Die Bildungsabschlüsse sind wiederum Mindestqualifikationen für den Start in dem nächsten Sektor. Dies kann z.B. eine Berufsausbildung, ein Studium oder selbständiges Unternehmertum sein.

4.8 Das Homeoffice/ Der Online-Arbeitsplatz

Im Jahre 2020 begann die öffentliche Diskussion über die Möglichkeit der Heimarbeit. Darunter verstand man die Online-Arbeit für das Unternehmen in der Wohnung des Arbeitnehmers. Heute kann die Online-Arbeit eines Mitarbeiters an jedem Ort der Welt durchgeführt werden.

Im Jahre 2020 konnte sich die SPD mit ihrem Gesetzvorschlag für das Recht auf Heimarbeit noch nicht gegen die CDU/CSU durchsetzen, obwohl die Vorteile für alle Beteiligten, Arbeitnehmer, Arbeitgeber und die Gesellschaft offensichtlich waren. Der Hauptgrund war der befürchtete Kontrollverlust der Arbeitgeber hinsichtlich der Arbeitsleistung der Arbeitnehmer. Dabei ist die Leistungskontrolle bei Online-Arbeit für die Datenverarbeitung sehr einfach durchzuführen.

Die tatsächlichen Herausforderungen, diese Online-Arbeit zu forcieren, zeigten sich bereits 2020 in der Überlastung der unzureichend ausgebauten Infrastruktur für die benötigten Datenströme und der unzureichenden Digitalisierung der Unternehmensprozesse.

Diese Defizite wurden von der neuen Bundesregierung 2021 mit dem „Digitalisierungs-Hub" in den Jahren 2022 bis 2027 weitgehend beseitigt, so dass heute in den Unternehmen die mögliche Online-Arbeit von den

Arbeitnehmern auch online erbracht werden kann. Das Prinzip des Forderns und Förderns zeigte Wirkung. Die Arbeitnehmer konnten die Prüfung auf Onlinearbeit fordern und die Unternehmen wurden dafür bei der Digitalisierung durch steuerliche Vergünstigungen gefördert.

Bis zum Jahre 2029 wurden so von den 42 Mio. Arbeitsplätzen ca. 12 Mio. in Online-Arbeitsstellen umgewandelt, und die Entwicklung ist noch nicht abgeschlossen. Der Schwerpunkt liegt bei Unternehmen wie Versicherungen, Banken, Krankenkassen und vielen anderen Dienstleistungsunternehmen, die keinen direkten, persönlichen Kontakt zum Kunden benötigen, aber auch die produzierenden Unternehmen erkennen immer mehr Unternehmensprozesse, die sie für Online-Arbeit zugänglich machen können. Heute kommen aus den produzierenden Unternehmen daher heute schon 25 % der Online-Arbeitsstellen.

Durch diese Maßnahmen wurden entscheidende Beiträge zur Reduzierung der Infektionen mit Covid-19ff, der Treibhausgase und des Feinstaubs erreicht. Gleichzeitig sparten die Arbeitnehmer Fahrtkosten und Fahrzeiten, und die Arbeitgeber konnten die Kosten für die Liegenschaften erheblich verringern.

Büroflächen in den Ballungsräumen wurden in den letzten Jahren in Wohnungen umgewandelt und in den Städten konnten wieder bezahlbare Mietpreise erreicht werden.

So wären alle zufrieden gewesen, wenn diese Entwicklung nicht gravierende Auswirkungen auf die Autoindustrie und ihre Beschäftigten gehabt hätte. *(siehe Kap.7)*

4.9 Der Mensch und das Smartphone

Jeder Mensch der älter ist als 5Jahre hat ein Smartphone.

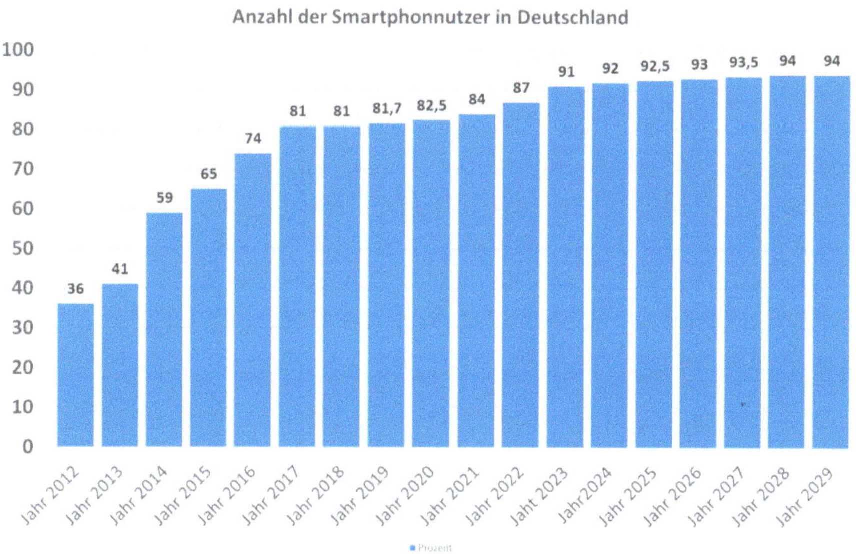

Bild 4.9.1: Anstieg der Smartphonnutzer in Deutschland von 2012 bis 2019

Der Mensch und das Smartphon sind jetzt eins. Noch ist nicht endgültig entschieden wer wessen Sklave ist. Ohne Smartphon ist der Mensch nichts und ohne Smartphon kann er nichts mehr machen. Aber noch braucht das Smartphon den Menschen, denn der versuch es mit Strom und bringt es von Ort zu Ort.

Diese totale Abhängigkeit des Menschen vom Smartphon und die damit verbunden Überwachung des Einzelnen, gefällt aber nicht mehr jedem Bürger. Die Kontrollmöglichkeiten der Regierenden über die Bürger sind immens und müssen immer wieder hinterfragt werden.

Das Smartphone mit seinen Inhalten und Fähigkeiten ist der Teil des Menschen, auf den andere im Bedarfsfall von außen zugreifen können. Es ist die externe Festplatte seines Gehirns. Es wird mittelfristig in den Menschen integriert werden, wie bereits immer mehr Armbänder zur Erfassung von gesundheitlichen Daten zeigen, sowie die Implantierung von Chips bei den ersten Personen. Es entstehen die ersten hybriden Menschen.

Die bisherigen ständigen Begleiter des Menschen, die Geldbörse oder die Brieftasche, haben ihre Schuldigkeit getan. Alle Ausweise sind im Handy integriert und über biometrische Sensoren abrufbar.

Bargeld gibt es nicht mehr. Die Scheckkarrten, Kreditkarten oder Gesundheitskarten sind abgeschafft. Die Menschen zahlen mit dem Smartphon. Das Handy ist Währung, ihre Eintrittskarte, ihr Kontakt- und Bewegungsverfolger sowie ihr CO_2 Fußabdruckmesser. Es ist ihr Identitätsnachweis, ihr Gedächtnis und Nachschlagewerk. Es ist ihr Telefon, Radio und Spielzeug.

Das Smartphone ist seit der Wirtschaftskrise 2026 überlebenswichtig, denn es enthält nach dem Gesetz über das Grundeinkommen für alle die Codierungen für den Bezug der lebensnotwendigen Grundbedürfnisse.

Das Smartphone und seine Adapter am Körper kennen den Gesundheitszustand seines Besitzers besser als er dieser. Es holt den Notdienst schon bevor der Patient den Schlaganfall erlebt. *(siehe auch Gesundheitsmonitoring Kap.4.10)*

Alle Menschen müssen einen digitalen Führerschein erwerben, um die Smartphons bedienen und die Onlinedienste nutzen zu können.

4.10 Gesundheitsmonitoring

Im Jahre 2021/22 wurde von den Krankenkassen die Gesundheitskarte nach vielen Jahren Diskussion und mit vielen Vorbehalten eingeführt. Mit der Pandemie und der damit in Verbindung stehenden Corona-App für die

Kontakte mit infizierten Personen hatte sich die Einstellung zu der Verarbeitung von gesundheitlichen Daten sehr schnell verändert.

Das Gesundheitsmonitoring ist heute eine Selbstverständlichkeit. Kein Mensch hätte heute dafür Verständnis, dass er bei jedem neuen Arztkontakt oder Krankenhausaufenthalt erneut seine ganze Krankengeschichte aufzählen muss einschließlich der Arzneimittel, die er im Augenblick einnimmt.

Die bisherige Krankengeschichte des Patienten ist Basis für das freiwillige Gesundheitsmonitoring, das die Krankenkasse über eine Gesundheits-App anbietet.

Nach der Senkung der KK-Beiträge für die Teilnehmer am Gesundheitsmonitoring um 20% fand die Anwendung rasanten Zuspruch. Kein Mensch geht mehr zum Arzt, um ein Rezept abzuholen. Das Rezept kommt als QR-Code auf das Smartphone und wird in der Apotheke erfasst, sofern nicht eine Onlinelieferung bestellt ist. Natürlich prüft die App die kombinatorische Wirkung der verordneten Medikamente.

Vor jedem Arztbesuch steht heute der Online-Kontakt mit Video zum Arzt. Diese Einrichtung wurde insbesondere durch die Notwendigkeit der Quarantäne für infizierte Personen bei der Pandemie 2020 erstmalig eingeführt und dann stetig ausgebaut.

Die Terminierung kann der Patient online vornehmen. Mit dem Kontakt erhält der Arzt automatisch Zugang zu allen Daten in der Gesundheitsakte des Patienten. Mit dieser neuen Möglichkeit des Erstkontaktes ist es gelungen, in einem Zeitraum von 5 Jahren die Zahl der Besuche in den Arztpraxen um über 50% zu senken.

Zur weiteren Kontaktreduzierung trug auch bei, dass immer mehr Geräte zur Erfassung gesundheitlicher Daten des Menschen entwickelt wurden, deren Messwerte direkt über das Smartphon an die Gesundheitsakte gesendet wurden. Diese Daten werden dort nach dem Stand der Wissenschaft mit entsprechenden Algorithmen bewertet und das Ergebnis dem Nutzer mitgeteilt.

Die Sensorik zur Erfassung des körperlichen Zustandes hat in den letzten Jahren einen rasanten Fortschritt gemacht, so dass fast alle notwendigen Daten, die der Arzt früher ermitteln musste, heute mit Hilfe von medizinischen Adaptern in Form von Armbändern oder Kontaktstreifen am Körper, im Körper oder an der Kleidung erfasst werden. So werden Bewegungsdaten, Beschleunigungen, Blutdruck, Puls, Blutwerte, Körperoberflächenzustände und vieles mehr ermittelt.

Vielfach erfolgt die Ermittlung kontinuierlich ohne Beeinträchtigung der Person. Dies ist schon ein sehr großer Vorteil gegenüber früher, aber der entscheidende Vorteil liegt in dem heute möglichen Monitoring. Die kontinuierlich ermittelten Daten geben mit der medizinischen Intelligenz der Gesundheits-App frühzeitig Hinweise auf kritische Gesundheitszustände. Der Datenfriedhof beim Hausarzt ist endlich Vergangenheit.

Alle Patienten haben außerdem die Möglichkeit den Gesundheitsatlas der Krankenkassen anonymisiert zu nutzen. Neben den allen zugänglichen medizinischen Ratgebern im Internet, deren Kompetenz durch keine Instanz überprüft wird, liegt hier ein Leitfaden vor, der dem Patienten medizinisch gesichert hilft, seine Beschwerden richtig einzuordnen und die medizinisch notwendigen Schritte mit einem Arzt auf den Weg zu bringen.

4.11 Pflege der Senioren und Seniorinnen

Bereits im ersten Jahr der Pandemie war deutlich geworden, wie gefährlich das Virus besonders in den Pflegeeinrichtungen für die Senioren und Seniorinnen war. Immer wieder kam es hier zu großen Ausbrüchen der Krankheit und zu hohen Todeszahlen. Hier leben die Menschen mit dem schwächsten Immunsystem. Der Schutz dieser Menschen war und blieb in den letzten Jahren die größte Herausforderung. Die zwingend erforderliche

Isolierung wie bei Infizierten ist aufgrund des Alters der Senioren, des Betreuungsbedarfs und der Unterbringung in Gemeinschaftsunterkünften nur schwer zu verwirklichen.

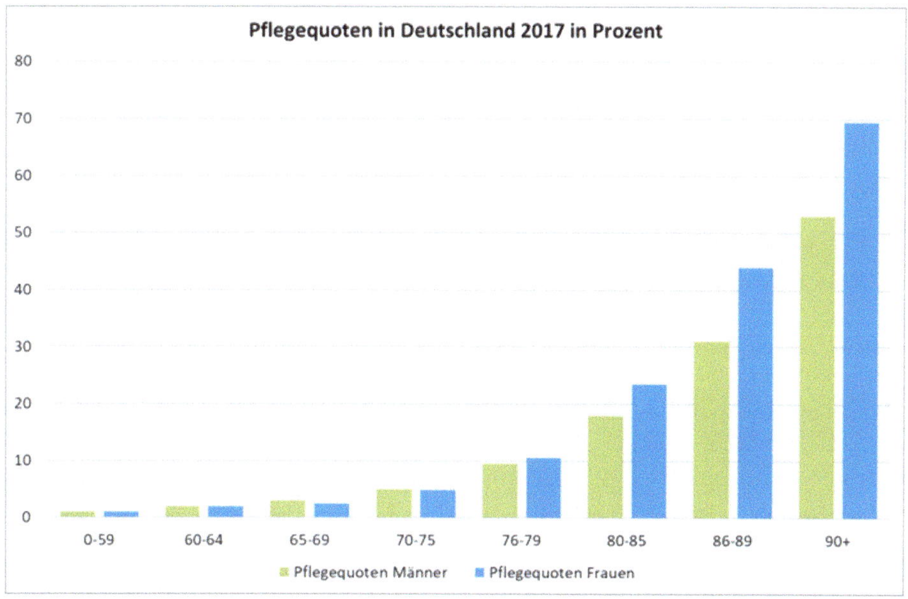

Bild 4.11: Pflegequoten der Altersgruppen in Deutschland bei den Männern und Frauen (3)

Das Bild 4.11 macht deutlich, wie hoch der Pflegebedarf in der Altersgruppe über 80 Jahre ist. Bei den Frauen über 90 Jahre liegt bei 70%.

Auch die Unterbindung des Kontaktes zu den Angehörigen zum Schutz vor möglichen Infektionen ist für die Menschen in der letzten Phase ihres Lebens unmenschlich.

Die Zahl der Personen, die in stationärer Pflege untergebracht waren, lag 2020 bei etwa 900.000 Personen (2). Eine wesentliche größere Zahl (über 2Mio.) von Senioren und Seniorinnen wurde jedoch auch zu Hause von Angehörigen und ambulanten Pflegediensten betreut.

Seit der ersten Impfung im Dezember 2020 hatten daher die Personen in den Pflegeheimen die höchste Priorität für den Impfschutz. Die Unterbringung im Pflegeheim wurde ab 2022 mit einer Impfpflicht verbunden. Das Gleiche gilt auch für das Personal.

Für die persönlichen Kontakte mit Besuchern wurden außerdem in allen Pflegeeinrichtungen spezielle Begegnungszimmer mit entsprechenden Schutzmaßnahmen vor Covid-19 Infektionen eingerichtet. Sie müssen von allen nicht geimpften Personen genutzt werden.

Die teilweise im Jahre 2020 noch erlaubte Doppelbelegung von Zimmern in Pflegeheimen wurde verboten.

Durch diese Maßnahmen konnten die Sterberaten in den Pflegeheimen wegen Covid-19 erheblich gesenkt werden.

Viel schwieriger war es die zu Hause betreuten älteren Menschen zu schützen. Auch sie und ihre Angehörigen standen weit vorne auf der Prioritätenliste der Impfungen, aber hier konnte keine Impfpflicht durchgesetzt werden, und die Begrenzung der Kontakte war wegen der notwendigen Betreuung nur schwer umsetzbar. In diesem Bereich gibt es daher immer noch die höchsten Sterberaten, insbesondere dann, wenn neue Mutationen des Virus auftauchen.

4.12 Das Einkaufserlebnis/ Das Virtuelle Kaufhaus

Mit den ersten Lock-Downs war das Einkaufen nur noch in den Supermärkten möglich. Der Online -Handel erlebte damit bereits 2020 einen unglaublichen Boom, der zu Lasten des Einzelhandels ging. Sogar der online-Bezug von Lebensmitteln und Speisen erlebte einen ungeahnten Aufschwung.

Unter Führung der großen Kaufhausketten und Möbelhäuser begann 2022 die Entwicklung der virtuellen Kaufhäuser, die ab 2023 auch von den Einzelhändlern genutzt wurden, um den Kunden wenigsten virtuell in die

Geschäfte zu holen. Dies konnte zwar das persönliche Einkaufserlebnis aus früheren Zeiten nicht ganz ersetzen, aber gerade die jüngeren Leute akzeptierten, die damit verbundenen Möglichkeiten sehr schnell.

Im Gegensatz zu den noch bis 2021 üblichen Bestellungen aus langen Katalogen, kann der Kunde mit seinem Homevideo-System das Kaufhaus virtuell betreten, sich umsehen, Kleidung anprobieren und Produkte dreidimensional in Augenschein nehmen. Er kann dabei auch direkt die Beratung des Händlers in Anspruch nehmen. Durch diese neuen Möglichkeiten der virtuellen Beratung konnten die Kaufhäuser und Einzelhändler wieder zahlreiche Kunden zurückholen, die sonst nicht in ihre Geschäfte kommen konnten.

6.Die Drohnenindustrie und der Drohnendienst

Er kommt in der Nacht, wenn es dunkel ist. Lautlos und unbemerkt legt er etwas in der Box hinter dem Haus ab und verschwindet genauso schnell wieder.

Früher war das der Weihnachtsmann, heute ist das die Drohne.

Erste Drohnen gab es bereits im Jahre 2020 und davor. Die Nutzung für die Fotografie und in der Filmindustrie war etabliert. Auch das Militär hatte sie bereits seit einigen Jahren eingesetzt.

Im privaten Bereich musste für die Nutzung bereits 2020 ein „Führerschein" für die Drohnen vorhanden sein. In Deutschland wurde damals gerade noch über die Bewaffnung der Kriegsdrohnen gestritten, die von anderen Ländern bereits in militärischen Auseinandersetzungen genutzt wurden. Die ersten

Prototypen zum Transport von Personen entstanden, und erste Paketlieferungen wurden auf den Weg gebracht.

Mit dem Ausbruch der Pandemie 2020 wuchs der Onlineversand in ungeahnte Dimensionen an, so dass die Transportunternehmen kaum noch in der Lage waren die Mengen zu bewältigen.

2021 begannen die Transportunternehmen zunächst im ländlichen Bereich mit den ersten Auslieferungen mit Drohnen. Begünstigt wurde diese Entwicklung durch den nahezu vollständigen Zusammenbruch des Luftverkehrs, mit dem sich die Drohnen den Luftraum früher teilen mussten.

Der internationale Flugverkehr hat nach dem Zusammenbruch im Jahr des Pandemieausbruches 2020 auch heute erst wieder eine Auslastung von 55% erreicht, verglichen mit den Werten von 2019. Das 2025 erlassene Flugverbot auf innerdeutschen Strecken hat auch zu diesem Rückgang beigetragen.

In den nächsten Jahren gab es eine stürmische Entwicklung neuartiger Transportdrohnen. Es entstand in den Jahren 2024 -2028 eine neue Drohnenindustrie. Die neue Technik des autonomen Fahrens in der Autoindustrie wurde in die Drohnen integriert, die sich damit allein den Weg zu den Kunden suchen konnten. Mit der Einführung der Ablegeboxen bei den Empfängern war damit ein nachhaltiges Transportsystem etabliert, das allen Bedürfnissen der Kunden entsprach.

Die Lieferungen konnten damit unabhängig von der Anwesenheit des Bestellers zu jeder Zeit angeliefert werden. Die Sendung war witterungsgeschützt und diebstahlsicher in der Ablegebox untergebracht. Gleichzeitig konnte die Box als „Briefkasten" für das Versenden verwendet werden.

Heute haben wir in allen Kreisen Drohnenverteilzentren mit Drohnenlotsen und Drohnenführern. Der Luftraum ist für die Drohnenbewegungen strukturiert. Die anfänglichen Befürchtungen, dass die Drohnen mit den Vögeln kollidieren haben sich als unbegründet erwiesen. Die Vögel haben die

Drohnen in ihrem Luftraum als Gleichberechtigte akzeptiert und die Sensorik der Drohnen tut das Gleiche mit den Vögeln.

So werden heute die Waren von den Lagerhäusern der Onlineunternehmen mit Fahrzeugen nur noch bis zu den Verteilzentren gebracht. Von dort erfolgt der Transport zum Kunden mit der Drohne.

Der Drohnenführer in der Leitstelle entscheidet über den Lieferzeitpunkt und die Reihenfolge der Beladungen, wobei er Vorgaben der Drohnenlotsen und Kundenwünsche berücksichtigt. Die Lieferung gibt der Drohne bei der Lastaufnahme über einen Chip alle erforderlichen Informationen über den Lieferort und seine Identnummer.

Ist der Absendeplatz in der Box mit einer Sendung belegt, so wird diese von der Drohne aufgenommen und zum Verteilerzentrum gebracht.

Die Drohnenindustrie in Deutschland hat sich zu der zweitgrößten Industrie in Deutschland entwickelt. Neben dem Transport wurden insbesondere zahlreiche Anwendungsmöglichkeiten in der Landwirtschaft erschlossen, durch die der Einsatz von Umweltgiften reduziert werden konnte, wie z.B. durch die Laser-Drohnen bei der Unkrautvernichtung.

6. Der CO_2-Fußabdruck

Die zahlreichen Appelle der Wissenschaftler und Demonstrationen der Klimaaktivisten in den Jahren 2018 bis 2021, das persönliche Konsumverhalten zum Schutz des Klimas zu verändern, waren weitgehend vergebens gewesen. Das Konsumverhalten der meisten Bürger hatte sich nicht entscheidend zum Schutz des Klimas verändert.

Nachdem in den Jahren 2021 und 2022 zwei weitere sehr trockene Jahre aufgetreten waren, wurden nicht nur für die industrielle Produktion, sondern auch für den einzelnen Bürger die Maßnahmen zur Reduzierung des CO_2 - Ausstoßes verschärft.

Zum 1.1.2023 setzte die Umweltministerin der Grünen das CO_2-Emissionsschutzgesetz in Kraft. Es regelte die erste Stufe der Ermittlung des persönlichen CO_2 - Fußabdruckes. In dieser ersten Stufe wurde das Ernährungs- und Konsumverhalten noch keiner Regelung unterzogen. Seit 2025 wurde der vollständige Fußabdruck verlangt.

Ziel dieses Gesetzes war es, den durchschnittlichen CO_2-Fußabdruck von 11t/Jahr und Person schrittweise auf das für den Klimaschutz erforderliche Niveau von 2,7t/Jahr zu senken. Im ersten Jahr bestand nur die Verpflichtung, den Wert für alle Personen in dem jeweiligen Haushalt zu ermitteln.

Ab 2024 wurden Werte für den Fußabdruck vorgegeben, die in den Folgejahren dann immer weiter verringert wurden. Zur klaren Erfassung der einzelnen Verursacher waren alle Unternehmen angewiesen den Gewichtsanteil ihrer Produkte oder sonstigen Leistungen am CO_2-Fußabdruck in den Rechnungen auszuweisen. Da die Bezahlung nur noch über das Smartphon erfolgte, konnten über die Fußabdruck-App alle Beiträge exakt nachgewiesen werden.

Nach der neuen Regierungsbildung 2025 unter der Führung der Grünen wurde die zweite Stufe des Fußabdruckgesetzes nach heftigsten öffentlichen Protesten freigegeben, und das Ernährungs- und Konsumverhalten der Bürger wurde bei der Ermittlung des Fußabdruckes miterfasst. Bis heute konnten damit die Emissionswerte um 40% abgesenkt werden.

Die Festlegung und deren Akzeptanz der einzuhaltenden zulässigen Grenzwerte ist in den letzten Jahren immer schwieriger geworden. Die ersten Absenkungen waren wegen der Demobilisierung, die die Pandemie erzwungen hatte, noch leicht zu erreichen. Jede weitere Absenkung ist in den letzten Jahren aber für den Einzelnen nur mit erheblichen Veränderungen seines Verhaltens zu erreichen gewesen. Dies bedeutete für den Einzelnen Verzicht und Einschränkungen.

Da die Menschen jedoch keine positiven Auswirkungen ihrer Einschränkungen auf das Klima erkennen können, schwindet die Akzeptanz bei allen Bevölkerungsgruppen. Die Übernahme der Landesregierungen in einigen neuen Bundesländern durch die Partei „die Anderen" ist ein deutliches Alarmzeichen für die große Unzufriedenheit in der Bevölkerung. Ob und wie weit die neue Allparteienregierung, die seit 2029 die Regierung stellt, diesen Weg weiter fortsetzen kann und will, ist noch nicht zu erkennen.

7. Die Transformation der Autoindustrie

Seit dem Pariser Klimaabkommen war allen Beteiligten klar, dass die Autoindustrie einen wesentlichen Beitrag zur Reduzierung der Treibhausgase leisten musste. Alle Experten gingen davon aus, dass dies nur durch die Elektromobilität oder andere alternative Antriebe mit Wasserstoff zu erreichen ist.

Die Pandemie zeigte uns eine andere Möglichkeit auf:

Die rigorose Einschränkung der Mobilität und die damit verbundene Verringerung der Fahrleistung vieler Personen mit dem PKW.

Die neuen Online-Arbeitsplätze, das veränderte Einkaufsverhalten und die zahlreichen anderen Maßnahmen der Kontakteinschränkungen, machten in vielen Haushalten die Haltung eines eigenen Fahrzeugs überflüssig, oder wenigstens den Verzicht auf einen Zweitwagen möglich.

Der Verkauf von neuen Fahrzeugen brach in den letzten Jahren fast zusammen, mit verheerenden Folgen für die Beschäftigten. Allein in Deutschland mussten sich 360.000 Mitarbeiter und Mitarbeiterinnen einen neuen Job suchen. Zum Glück gab es in der boomenden Drohnenindustrie und in der Netzindustrie einen großen Bedarf an Fachkräften und Montagearbeitern. Viele nahmen auch die Umschulungen für den Einsatz im Gesundheitswesen in Anspruch. Hier gab es in den letzten Jahren einen hohen Personalbedarf, der durch die Pandemie noch weiter gesteigert wurde.

Bei den Neufahrzeugen gibt es heute nur noch den Elektromotor oder den Wasserstoffantrieb. Das Auto ist heute ein Roboter mit einer eigenen künstlichen Intelligenz, in dem eine oder mehrere Personen sitzen können, aber nicht müssen, denn es kann autonom fahren. Man kann es anfordern und allein wieder wegschicken mit der entsprechen App auf dem Smartphon.

Diese Möglichkeit erhöht die Nutzungszeiten des Fahrzeugs ungemein, und reduziert damit die Notwendigkeit ein eigenes Fahrzeug zu besitzen.

Die künstliche Intelligenz dieser neuen Fahrzeuge kennt jederzeit den Zustand der sicherheitsrelevanten Systeme wie Bremsen, Ölstand, Reifendruck, informiert bei Abweichungen oder Störungen den jeweiligen Nutzer, und begrenzt die weitere Fahrleistung bis zur Reparatur in der nächsten Werkstatt.

Eine zusätzliche technische Überwachung des Fahrzeugs durch den TÜV erübrigt sich damit. Sie wird nur noch bei Altfahrzeugen durchgeführt.

Das Fahrzeug registriert die erbrachte Fahrleistung, rechnet diese bei der Nutzung als Taxi direkt ab oder leitet sie weiter an die Versicherung zur Prämienfeststellung und an die Umweltbehörde zur Feststellung der CO_2 Abgabe. Die Fahrleistung wird auch direkt dem CO_2-Fußabdruck des Nutzers zugeschlagen.

Diese Fahrzeuge halten sich immer an vorgegebene Begrenzung der Geschwindigkeit. Der Fahrer kann diese Grenze auch nicht mit dem Fahrzeug überschreiten. Wenn in zehn Jahren der Mischverkehr mit den alten Fahrzeugen beendet ist, wird es keine Radarkontrollen mehr geben.

8.Kultur, Kunst und Unterhaltung

Dieser Bereich war in den Jahren 2020 und 2021 neben den Gaststätten mit am stärksten von den Lockdown- Maßnahmen betroffen. Erst nachdem bis Ende des Jahres 2021 eine größere Anzahl von Personen geimpft worden war und über einen, wenn auch begrenzten Schutz vor einer erneuten Infektion verfügte, konnte es wieder Präsenzveranstaltungen geben.

Davor gab es 2021 jedoch noch heftige gesellschaftliche Auseinander-setzungen über die Ausweisung der Geimpften und ihre Sonderrechte. Mit der Statusaufnahme „ Geimpfter" im Smartphon hatte sich das dann erledigt.

Der Besuch von Veranstaltungen ist nur Personen gestattet, die über den zugclassenen Status verfügen, der heute ein fester Bestandteil des Identitätscodes im Smartphon ist. Dieses Verfahren war zwar schon lange erfolgreich in China eingeführt, konnte aber in Deutschland erst nach heftigen Widerstanden in der Bevölkerung umgesetzt werden.

Neben den bisherigen Präsenzveranstalten wurden in diesem Bereich unzählige neue Veranstaltungsformate entwickelt, die auch den Isolierten die Möglichkeit geboten haben, die kulturellen Angebote in Anspruch zu nehmen.

9. Quellen

(1) **RKI Dashboard** vom 09.12.2020
(2) **Statistisches Jahrbuch 2019**
(3) **Die Rentnerrepublik,** Dr. Wilfried Rabe
    Senioren und Seniorinnen zwischen Berufsleben und Pflegeheim
    ISBN Nr.9782746077758
(4) **Die Coronakrise**, Dr. Wilfried Rabe
    3Szenarien und Prognosen für die Bundestagswahl 20
    ISBN Nr.9873752644081

Ereignisabfolge

2020   Beginn der Coronapandemie
2.Welle von Covid-19 mit 30.000 Verstorbenen und 1,6Mio. Infizierten
Start der ersten Impfphase im 2.Lock-Down im Dezember

2021   Regierungskoalition von CDU/CSU und Grünen
Die Übersterblichkeit übersteigt die kritische Marke von 25%
Die Krankenhauskapazitäten mit 20.000 Intensivbetten sind erstmals erschöpft.

2022   Überlebenskonzept „Separierung und Demobilisierung"
Auftreten der ersten resistenten Mutationen gegen die Impfung
Start des Programms „Digitalisierungs-Hub"
Verabschiedung des Gesetzes zum Online-Arbeitsplatz (Homeoffice)

2023   Start der Bildungsstandardisierung durch Digitalisierung des Unterrichts
Entwicklung der Versorgungsdrohnen
Gesetz zur medizinischen Online-Erstberatung durch den Hausarzt
Gesetz zur Limitierung des Co_2 Fußabdruckes (1. Stufe)

2024   Gesetz zur Errichtung von Ablegeboxen für Drohnen an Wohngebäuden
Digitalisierung der Ausweispapiere im Smartphone
Gesetz zur Einführung eines sozialen Gesellschaftsjahres für alle Frauen und Männer bis zum 20.Lebensjahr

2025   Bildung der neuen Bundesregierung unter Führung der Grünen
Freigabe des Gesundheitsleitfadens (App) der Krankenkassen
Landesregierung in Thüringen wird von der Partei „Die Anderen" geführt
2. Stufe des Gesetzes zur Reduzierung des persönlichen CO_2-Fußabdruckes
Erlass des Flugverbotes auf innerdeutschen Strecken

2026   Gesetz zur verpflichtenden Nutzung der Corona-App
Wirtschaftskrise mit anschließendem Lastenausgleich

	Einführung des Grundeinkommens für alle Personen im Smartphon Die Landesregierung in Sachsen wird von der Partei „Die Anderen" gestellt.
2027	Landesregierung in Thüringen wird von der Partei „Die Anderen" geführt
2028	Landesregierung in Sachsen-Anhalt wird von der Partei „Die Anderen" geführt Vollständige Umstellung des Schulwesens auf den digitalen Bildungsstandard
2029	Bildung der Allparteienkoalition der Volksparteien
2030	Fertigstellung der Drohnenstation Birkerfeld in Moitzfeld für den Bergischen Kreis
2031	geplant: Einführung des strukturfreien Bildungswesens